それ日本と英!?

文化のちがい 習慣のちがい

第2期

5 ワイワイ 記念日とお祭り

監修 国立民族学博物館長 **須藤健一**

クリスマスに、サンタクロースが来ない国や地域があるんだって。

太一（たいち）
古今東西（ここんとうざい）の記念日やお祭りに詳しい赤鬼（あかおに）。怖（こわ）がられてしまうこともあるが、本当はとても心やさしい。

世界と日本では、記念日やお祭りの日にちや行われ方などに、たくさんのちがいがあるんだよ。

ザ・クラウン
大のお祭り好きで、世界各地（かくち）のお祭りに飛（と）び入り参加（さんか）するのが趣味（しゅみ）。楽しいパフォーマンスを披露（ひろう）しては、道ゆく人を笑顔（えがお）にさせる。

Gakken

もくじ

- 🇮🇹 イタリアの場合 プレゼントをサンタクロースからもらわないの？ ……4
  クリスマスの習慣のちがい

- 🇹🇷 トルコの場合 こどもの日には、どこの子どもを祝うの？ ……8
  こどもの日の祝い方のちがい

- 国によってさまざま 世界の祝日 ……12

- 🇲🇽 メキシコの場合 がい骨をかざるお祭りがあるの？ ……14
  死者に対する考え方のちがい

- 🇹🇴 トンガの場合 日曜日に遊んじゃいけないの？ ……18
  曜日についての考え方のちがい

- 🇹🇭 タイの場合 誕生日の人が、みんなにごちそうをするの？ ……22
  誕生日の祝い方のちがい

- 🇮🇷 イランの場合 断食って何のためにやるの？ ……26
  食事の習慣のちがい

- 🇪🇸 スペインの場合 牛に追われるお祭りがあるの？ ……30
  動物の登場するお祭りのちがい

- 地域の伝統や文化がわかる！ 世界のさまざまな祭り ……34

- 🇸🇪 スウェーデンの場合 もっとも夜が長い冬至に、「光」のお祭りをするの？ ……36
  冬至の習慣のちがい

- ●お祭りって何のためにあるの？ ……40
- ●日本人の宗教観 ……42
- この本で紹介した国と地域 ……44

［ イラン　韓国　スリランカ　トルクメニスタン　トルコ　イタリア
スウェーデン　ザンビア　マリ　メキシコ　ブラジル　トンガ ］

この本の特長とルール

この本の特長

1. 必ずしもその習慣がその国全体で行われているのではなく、特定の地域や社会でのみ行われている場合も、その国の国旗と国名を記載しています。
2. ある地域や民族に顕著な文化や習慣の場合、国名のあとに、（ ）で地域名や民族名を併記しています。
3. ある文化や習慣が複数の国や地域にみられる場合、その代表となる国名を挙げた項目があります。
4. ある文化や習慣が、3以上に広範囲にみられる場合、「イスラム社会」など特定の文化圏の名称や、「世界」として示した項目があります。
5. 国名は、通称を用いています。

この本のルール

1. 各テーマの最初の見開きでは、左ページに日本の事例を、右ページに外国の事例を紹介し、文化のちがいを対比しています。
2. 次の見開きの まとめ で、その文化のちがいを生む考え方、原因や背景をまとめています。また、いろいろな国の○○では、関連するテーマについてのいろいろな国の事例を紹介しています。
3. 文化あれこれでは、そのテーマに関連するおもしろい話題やことばを 豆知識 として紹介しています。
4. 44ページ この本で紹介した国と地域 では、それまでのページで国旗をつけて文化の事例を紹介した国について、地図や、気温・降水量のグラフをまじえて説明しています。
1～5巻のうち複数の巻で紹介している国については、ほかの巻で説明しているものもあります。それぞれの国が何巻で説明されているかは、47ページに一覧があります。

この本を読むみなさんへ

子どもの成長と幸せをねがい、誕生日やクリスマス、お正月を祝います。この日、友だちや親せきなどが集まってにぎやかにご馳走を食べ、子どもたちにおくりものをします。お年玉で欲しいものを買うのは楽しみですね。また、帰ってくる祖先をおむかえするお盆も、こうしたお祭りの一つなのです。

第5巻では、死者の霊に感謝したり、逆にそれを追いやったりする子どもの祭りをはじめ、成長を祝うお祭りや年中行事、祝日や誕生日のお祝い、つらい断食など、世界各地のお祭りや行事について学ぶことにしましょう。

監修　国立民族学博物館長
須藤健一

クリスマスの習慣のちがい　イタリアの場合

プレゼントをサンタ

イタリアの友だちが、クリスマスプレゼントは1月にお

日本ではサンタクロースが
12月24日の夜にプレゼントをくれますが…

キリスト教の習慣が伝わった

　クリスマスは、キリスト教を開いたイエス・キリストがこの世に生まれたことを祝うお祭りです。ヨーロッパなどのキリスト教の国では祝日になっています。

　日本では、明治時代にキリスト教が広まると、クリスマス・イブ（前の夜）にサンタクロースからプレゼントをもらう習慣が伝わりました。サンタクロースは、聖ニコラス（ニコラウス）という司教（キリスト教の位の一つ）がモデルといわれています。聖ニコラスは、ある貧しい家に金貨を投げ入れ、その家の子どもたちを救ったという伝説があり、それがアメリカに伝わって現在のサンタクロースの元になったとされています。

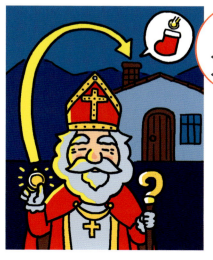

聖ニコラスの投げた金貨がくつ下に入ったから、くつ下をつるすんだ。

クロースからもらわないの❓

ばあさんからもらうっていうんだけど…？

🇮🇹 イタリアでは、1月5日の夜にベファーナからプレゼントをもらいます。

ぜ？

クリスマスの終わりにやって来るおばあさん

　キリスト教では、12月24日の夜から1月6日の公現祭（主顕節〈しゅけんせつ〉ともいう）までがクリスマスの期間です。イタリアでは、公現祭の前の夜にベファーナというほうきを持った魔女のようなおばあさんがお菓子などのプレゼントをくれます。公現祭とは、生まれたばかりのキリストの元に3人の博士が着いたことを記念する日です。ベファーナは博士たちといっしょに行かなかったことをくやんでいるといわれ、いい子にはお菓子を、悪い子には炭をわたします。

3人の博士ってどんな人？

　イエス・キリストが今のパレスチナにあるベツレヘムという町で生まれたとき、それを知った東に住む星うらないの博士たちが、はるばる旅をしてやって来ました。博士たちは、黄金、没薬、乳香という3つのおくりものを持ってきたので、3人だったといわれています。この話が元になって、クリスマスに家族や友だちにプレゼントをする習慣が生まれたともいわれています。

まとめ どうしてちがうの❓

日本ではサンタクロースから、イタリアではベファーナからプレゼントをもらうのは、次のような背景があるようです。

1. クリスマスはキリスト教のお祭りだが、国や地域によってさまざまな習慣がある。
2. 日本には、子どもたちを救った聖ニコラスの伝説が元になった、サンタクロースからプレゼントをもらう習慣が伝わった。
3. イタリアでは、キリスト誕生のお祝いに行きそこねた代わりにプレゼントを配っているベファーナからもらう習慣が定着している。

いろいろな国のクリスマス

オランダ
プレゼントを2回もらう

オランダでは、聖ニコラスがなくなった12月6日を記念日としています。聖ニコラスのおともの「ピート」とよばれる黒い顔をした人がお菓子の入った大きなふくろを背負ってやって来て、よい子にはお菓子を配り、悪い子はふくろに入れてさらっていくといいます。もともとは、プレゼントをもらうのはこの日だけでしたが、今は25日にももらいます。

聖ニコラスとピート

ドイツ
お楽しみのデザートは「お菓子の家」

ドイツでは、クリスマスケーキではなく「ヘクセン・ハウス」で祝います。「ヘクセン・ハウス」とはドイツ語で「魔女の家」という意味で、グリム童話の『ヘンゼルとグレーテル』に出てくるお菓子の家のことです。家の本体はスパイスで味をつけた、かたいクッキーでつくり、チョコレートやキャンディなどでかざります。

ヘクセン・ハウス

オーストラリアなど
サンタクロースもバカンス中?

南半球にあるオーストラリアなどの国では、季節が日本と逆になるため、夏にクリスマスがやって来ます。そのため、サンタクロースが砂浜で日光浴をしていたり、サーフィンをしていたりする姿をえがいた切手やクリスマスカードがあります。

サーフィンをしているサンタの切手。1977年発行

資料提供＝一般財団法人 切手の博物館（東京都・目白）

サーフィンをしながらプレゼントを運んでくるのかな?

🇺🇸 アメリカなど ✈

ツリーにプレゼントをかざる？

アメリカやヨーロッパでは、家族や友人からのクリスマスプレゼントは、クリスマスツリーの根元などに置いておき、12月25日の朝に開ける習慣があります。小さいプレゼントは、クリスマスツリーにかざることもあります。

19世紀のアメリカでは、豊かだった東部からおくられたプレゼントが西部の教会のクリスマスツリーにかざられ、クリスマス・イブの礼拝のあとで町の人に配られました。

根元にプレゼントがたくさん置かれたクリスマスツリー。

おいらはすぐに開けたくなっちゃうけどな～。

文化あれこれ

豆知識 ヨーロッパなど　ベツレヘムの星

クリスマスツリーは多くの場合、てっぺんに星がかざられています。これは「ベツレヘムの星」といって、3人の博士にイエス・キリストの誕生を知らせ、その元へ導いたとされる星です。博士たちが西へ向かって旅をする間、ベツレヘムの星が明るくかがやいて、博士たちに道を示したので、無事にたどり着くことができました。

ベツレヘムの星とは何だったのか、今でも天文学者たちが研究しています。わく星が重なったのか、またはハレーすい星だったのではないかなどといわれていますが、はっきりとはわかっていません。

クリスマスツリーのてっぺん。

豆知識 アメリカ　サンタの服が赤い理由

サンタクロースといえば、だれもが赤い服を思いうかべますが、もともと色は決まっていませんでした。国によっては緑や茶色の服を着たサンタクロースもいました。日本でも最初のサンタクロースは、殿様のようなかっこうをしていたそうです。また、姿形は、おじいさんだったり、小人や妖精だったりしました。

1931年になって、アメリカのハッドン・サンドブロムという画家が、コカ・コーラ社のクリスマスキャンペーン用に、赤い服を着た白いあごひげのサンタクロースをえがきました。これが有名になり、世界中で定着したのだといわれています。

画像提供＝国立国会図書館
1900（明治33）年の本にえがかれたサンタクロース。

| こどもの日の祝い方のちがい トルコの場合 |

こどもの日には、

トルコでは、こどもの日に、自分の子どもだけでなく、

日本では、家庭ごとにこどもの日を祝いますが…

子どもが元気に育つように

　日本では、5月5日が「こどもの日」として祝日に定められています。この日はもともと「端午の節句」という中国の厄ばらいの行事の日で、奈良時代に日本に伝わりました。江戸時代に一般の人々の間にも広まり、こいのぼりや五月人形をかざって、子どもたちの出世やすこやかな成長をいのるようになり、その習慣が今に伝わっています。

　ほかにも、強い香りで悪いものをはらう力があるとされる菖蒲の葉を入れたお風呂に入ったり、柏もちやちまきといった縁起のよい食べものを食べたり、さまざまな方法で子どもの健康を願います。

五月人形には、武士のほかに金太郎や桃太郎もあるな。

どこの子どもを祝うの？

世界中の子どもを祝うって聞いたけど…？

トルコには、世界中の子どもを祝う「こどもの日」があります。

国民主権の日を子どもの日に

トルコの「子どもの日」は4月23日です。この日は現在のトルコ共和国の国民主権の日（国民議会設立記念日）なのですが、初代大統領で「トルコ建国の父」とよばれるムスタファ・ケマル・アタテュルクは、「子どもの日」として、祝日に定めました。

子どもの日には、トルコの子どもたちが学校で劇や音楽を発表します。また、トルコに世界各国の子どもたちをまねき、友情を深め合い、平和をいのる式典を開いて、国全体で世界中の子どもたちを祝います。

「端午の節句」は女の子の行事だった？

端午の節句は中国から伝わると、日本で行われていた女性の薬草つみや早乙女（田植えの中心となる若い女性）が田の神をむかえるための準備をするまつりと結びつき、女性の行事になりました。その後、武士が活躍した鎌倉時代あたりから、「菖蒲」と「勝負」をかけて男の子が強い武士になることを願う行事に変化しました。

まとめ

どうしてちがうの？

日本では家族でこどもの日を祝い、トルコでは世界中の子どもを祝うのには、次のような背景があるようです。

1 日本では、中国から伝わった「端午の節句」と同じ日なので、人形やこいのぼりをかざって祝う習慣が残っている。

2 トルコでは、初代大統領が国民主権の日を「子どもの日」として、祝日に定め、国中で祝うようになった。

いろいろな国の祝日

トルクメニスタン

おいしい祝日

トルクメニスタンでは、8月の第2日曜日は「メロンの日」という祝日です。1994年に、ニヤゾフ大統領によって定められました。メロンはトルクメニスタンの特産品です。メロンの日には首都のアシガバードでイベントが開かれます。おいしいメロンを決めるコンテストが行われるほか、たくさんのメロンやスイカ（ウォーターメロン）が販売されます。

アイルランド

三つ葉と緑色の日

3月17日は、アイルランドにキリスト教を広めた聖パトリックを記念する祝日です。この日は、町中が聖パトリックのシンボルであるクローバーに似た三つ葉のシャムロックでかざられ、人々はアイルランドの色である緑色のものを身につけ、緑色のビールを飲むなどして祝います。アイルランドから移り住んだ人が多い北アメリカの一部でも、パレードが行われます。

イギリス

働く人がクリスマスを祝う日

クリスマスの次の日、12月26日は「ボクシング・デー」という祝日です。かつて、貴族などの家で働く人や、クリスマスカードを配る郵便配達の人などは、クリスマスの日に休めないため、代わりにこの日が休日になりました。そして、1年間の働きへの感謝として、クリスマスプレゼントの箱を受け取りました。現在では、バーゲンセールが行われ、家族で買いものをする日となっています。

「ボクシング」は「箱（ボックス）」に由来することばだよ。

文化あれこれ

豆知識 インドネシア　外出してはいけない日

　インドネシアのバリ島は有名な観光地ですが、観光客も外出してはいけない日があります。それは、「静寂の日」ともよばれる「ニュピ」という日で、バリ島のヒンドゥー教の教えにしたがって、一日中しずかに過ごさなくてはいけません。この日は、外出、労働、明かりをつけること、生きものを殺すことの四つが禁止されています。

　「ニュピ」の前日には悪霊が来るといわれていて、「オゴオゴ」という大きな人形をつくり、そこに悪霊が乗り移ったところで燃やすという儀式が行われます。

豆知識 日本

外出できない日や方角があった

　平安時代の貴族は、「陰陽道」といううらないを生活に取り入れていました。陰陽道では、うらないで「凶」と出たり、悪い夢を見たりした場合などに、一定期間外出せず、客が来ても会わず、家で静かにしていなくてはなりませんでした。これを「物忌み」といいました。

　また、陰陽道では、外出するときにある神様がいる方角へは向かってはいけないという決まりがありました。それをさけるために「方違え」ということを行いました。たとえば、西に行ってはいけないときには、まず南西（北西）に向かってそこで一泊し、次の日に北（南）へ向かって目的地にたどり着きました。

豆知識 アメリカ

「ワシントン誕生日」は、本当はワシントンの誕生日ではない!?

　2月22日はアメリカの初代大統領、ジョージ・ワシントンの誕生日です。また、第16代大統領、リンカーンの誕生日である2月12日も多くの州で祝われていたので、アメリカ政府は二つの記念日を合わせて祝日とし、2月の第3月曜日に決めました。ところが、第3月曜日は15日から21日までのどこかです。そのため、「ワシントン誕生日」（「大統領記念日」ともいう）にもかかわらず、実際のワシントンの誕生日とは重ならなくなってしまったのです。

アメリカの紙幣にえがかれたジョージ・ワシントン。

世界の祝日

国によってさまざま

記念日とお祭り

人それぞれ記念日がちがうように、国の記念日である「祝日」もいろいろあります。1月から順に、おもなものを見ていきましょう。

太陽暦・太陰太陽暦の祝日

世界の多くで使われている西暦は、太陽の動きにもとづく太陽暦です。月の動きにもとづく太陰暦に、太陽の動きを組み合わせた太陽太陰暦による祝日も多くみられます。

1月

1月1日：新年・元日／日本・世界各国

1月6日（または1月2～8日の日曜日）：公現祭／イタリアなどキリスト教国（5ページ）

1月7日：クリスマス／ロシア・ウクライナなど

キリスト教の「正教会」という教派は、「ユリウス暦」という暦を使っているので、クリスマスなどの日付がずれます。ユリウス暦は、現在の「グレゴリオ暦」になる前に使われていました。

ウクライナのクリスマス
©finwal89-Fotolia.com

1月第2月曜日：成人の日／日本

1月第3月曜日：キング牧師誕生日／アメリカ

マーティン・ルーサー・キング牧師は、「公民権運動」の指導者として、黒人や少数民族に対する差別をやめるようによびかけました。

2月

1月末～2月前半：旧正月／中国・ベトナムなど

旧暦の新年は中国では「春節」、ベトナムでは「テト」とよばれます。東アジアや東南アジアの多くの国で祝われています。

2月から3月上旬：カーニバル（謝肉祭）／ブラジルなど（29ページ）

2月11日：建国記念の日／日本

2月第3月曜日：ワシントン誕生日（大統領記念日）／アメリカ（11ページ）

2月ごろ：万仏節／タイ・カンボジア

「万仏節」は、シャカがなくなる3か月前に、多くの弟子がぐうぜんに集まったことを記念する日です。

3月

3月ごろ：ホーリー／インド（32ページ）

3月17日：聖パトリック・デー／アイルランド（10ページ）

3月20日ごろ：春分の日／日本・イラン

イランでは、春分の日をペルシャ暦の新年として祝います。

3月中ごろから4月中ごろ：過ぎ越しの祭り（ペサハ）／イスラエル

紀元前13世紀ごろ、エジプトでどれいにされていたユダヤ人が、モーセに導かれて脱出したことを祝う祭りです。春分の後の最初の満月の日に行われます。

3月中ごろから4月中ごろ：聖週間と復活祭／キリスト教のさかんな国（21ページ）

復活祭は、聖書には「過ぎ越しのころの日曜日」のできごとだと書かれています。その直前の1週間を「聖週間」といいます。

3月～4月：サカ暦新年（ニュピ）／インドネシア（11ページ）

4月

4月4日ごろ：清明節／中国（17ページ）

4月中ごろ：ソンクラーン／タイ

「ソンクラーン」は、タイで昔使われていた暦による新年です。人々が水をかけ合います。

4月中ごろ：水かけ祭り／ミャンマー

ミャンマーの暦の新年に先立って人々がたがいに水をかけ合う「水かけ祭り」が行われます。

タイのソンクラーンのようす
©nengredeye-Fotolia.com

4月14日：ベンガル暦新年／バングラデシュ

4月ごろ：ラーマ生誕祭／インド

4月29日：昭和の日／日本

5月

5月1日：メーデー／世界各国

メーデーは、「労働者の日」ともいわれ、労働者の権利を主張する日です。ヨーロッパで行われていた夏の訪れを祝う祭りに由来するといわれています。

5月3日：憲法記念日／日本

5月4日：みどりの日／日本

5月5日：こどもの日／日本・韓国

5月ごろ：仏誕祭／タイ・インド・韓国など

旧暦の4月8日にあたる5月ごろに、シャカの誕生を祝います。日本の寺院では、新暦の4月8日に、「灌仏会」「花まつり」として祝います。

5月最終月曜日：スプリング・バンク・ホリデー／イギリス

「バンク・ホリデー」は「銀行休業日」という意味ですが、イギリスでは国の祝日となっています。

6月

5月中ごろ～6月中ごろ：七週祭（シャブオット）／イスラエル

ユダヤ教で「モーセが神から律法（ユダヤ人が守るべき決まり）を授かった」といわれる日です。

5月末〜6月ごろ：端午節／中国
6月下旬の夏至に最も近い土曜日：夏至祭／スウェーデンなど
6月29日：聖ペドロ、聖パブロの日／ペルーなど

7月

7月4日：独立記念日／アメリカ
　アメリカがイギリスからの独立を宣言した日です。パレードや花火の打ち上げ、コンサートなどのイベントが行われます。
7月中ごろ：三宝節／タイ
　シャカが初めて弟子たちに教えをとき、「仏・法（仏教の教え）・僧」の三つの宝がそろったとされる日です。
7月第3月曜日：海の日／日本

アメリカの独立記念日を祝う花火
©Steve-Fotolia.com

8月

8月11日：山の日／日本
8月15日：独立記念日／インドなど
8月15日：聖母被昇天祭／フランスなどカトリックのキリスト教国
　イエス・キリストの母である「聖母マリア」が、死後、天に昇ったとされる日で、キリスト教国の中でも、カトリックの国で祝日になります。
8月〜9月初め：クリシュナ生誕日／インド

9月

9月第1月曜日：レイバー・デー（労働者の日）／アメリカ
9月中ごろ〜10月初め：秋夕／韓国（16ページ）
9月中ごろ：中秋節／中国・シンガポールなど（38ページ）
9月第3月曜日：敬老の日／日本
9月23日ごろ：秋分の日／日本
9月〜10月：プチュンバン（お盆）／カンボジア

10月

10月2日：マハトマ・ガンディー生誕日／インド
10月3日：ドイツ統一記念日／ドイツ
　第二次世界大戦後、ドイツは東西に分かれていました。1989年に、東ドイツと西ドイツを分けていた「ベルリンの壁」がこわされ、次の年の10月3日に東西ドイツが統一されて、「ドイツ連邦共和国」となりました。

ベルリンの壁の一部が今も残っている
©Henry Czauderna-Fotolia.com

10月9日：ハングルの日／韓国
10月第2月曜日：体育の日／日本
10月第2月曜日：コロンブス・デー／アメリカなど
　コロンブスがアメリカ大陸に着いたことを祝う日です。
10月23日：チュラロンコン大王祭／タイ
　「タイの近代化の父」とよばれるチュラロンコン大王（ラーマ5世）の命日です。

11月

11月1日：諸聖人の日（万聖節）／スペインなどカトリックのキリスト教国
11月2日：死者の日／メキシコ（15ページ）
11月3日：文化の日／日本
11月23日：勤労感謝の日／日本
11月第4木曜日：感謝祭／アメリカ
　作物の収穫を祝い、感謝する日です。多くの人が七面鳥を食べて祝いますが、大統領が住むホワイトハウスでは、2羽の七面鳥を助ける行事が毎年行われます。カナダでは10月の第2月曜日が感謝祭です。

感謝祭で食べられる七面鳥の料理
©Brent Hofacker-Fotolia.com

12月

12月10日：人権の日／世界各国
12月23日：天皇誕生日／日本
12月25日：クリスマス／キリスト教国（4ページ）
12月25日：カイ・デ・アザム記念日／パキスタン
　「カイ・デ・アザム」は「いだいな指導者」という意味です。「建国の父」とよばれる、初代総督ムハンマド・アリー・ジンナーの誕生日です。
12月26日：ボクシング・デー／イギリスなど（10ページ）

太陰暦（イスラム暦など）の祝日

太陰暦は、太陽の動きと関係なく、月の動きをもとにつくられた暦です。太陰暦のほうが短く、毎年約11日ずつ太陽暦とずれていきます。世界には、この暦にもとづく祝日もあります。

イスラム暦（ヒジュラ暦）
　イスラム教の祝日はイスラム暦の日付で決まります。国によっては、イスラム教の祝日と、キリスト教などほかの宗教の祝日との両方を祝います。

イスラム暦新年（1月1日）
　西暦2017年9月21日がイスラム暦1439年1月1日です。

ムハンマド生誕祭（3月12日）
ムハンマド昇天祭（7月27日）
断食明け大祭（10月1日〜2日）(27ページ)
ハッジ（大巡礼）（12月8日〜）
　イスラム教の聖地、メッカの巡礼を行う期間です。

ハッジの期間のメッカのようす
©Jasmin Merdan-Fotolia.com

犠牲祭（12月10日から3〜4日間）
　犠牲祭では、正装してモスクに集まり、羊や牛などの家畜をささげます。ささげられた家畜は料理され、貧しい人々にふるまわれます。

死者に対する考え方のちがい　メキシコの場合
がい骨をかざる

メキシコの友だちが送ってきたお祭りの写真、花といっ

> 日本では、がい骨は死をイメージするおそろしいものですが…

埋葬されていないがい骨は無念を連想

　日本では、がい骨は死を表すものとしてあつかわれ、おばけ屋敷では、幽霊とともに人をおどろかすために登場します。また、海ぞくの旗や毒薬のびんなど死に関係したものにもがい骨の絵が使われます。

　昔の日本では、遺体を焼かずに土にうめる土葬が一般的だったので、道ばたにあるがい骨は、埋葬してもらえなかったり、墓からほり返されたりしたもので、死者の無念やうらみを連想させます。そのため昔話では、通りかかった人にたたったり、にくい相手に復しゅうをしたりする存在として、がい骨が語られることがあります。

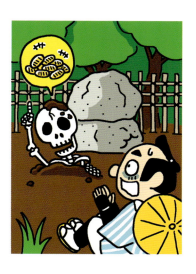

供養してくれた人に、恩返しをするがい骨の話もあるよ。

お祭りがあるの？

…しょにがい骨がかざられているのはどうして…？

メキシコでは
がい骨をかざるお祭りがあります。

がい骨はこわいものじゃない

メキシコでは11月1日から2日にかけて、死んだ子どもたちや先祖の魂が帰ってくると考えられています。各家庭では、がい骨の形をした砂糖菓子やマリーゴールドの花などでかざった祭壇をつくり、料理や酒などを供えて、家族そろってその魂をむかえます。

メキシコの先祖をまつる習慣が、キリスト教で死者への礼拝を行う11月1日の「諸聖人の日」と2日の「死者の日」と合わさって、現在のような形になりました。

なぜがい骨がこわくないの？

メキシコでは、かつて「アステカ文明」とよばれる古代文明がさかえました。アステカ文明では、先祖の頭がい骨を家にかざってお守りにしたり、戦いでたおした敵のがい骨を大切にしたりする習慣がありました。

現在でも、死者の日には、いたる所にがい骨をかざって、明るくにぎやかに祝うなど、がい骨は身近な存在なのです。

まとめ どうしてちがうの❓

日本ではがい骨はおそろしいものとされ、メキシコではがい骨をかざってお祭りをするのには、次のような背景があるようです。

1 日本では、がい骨はふだんから目にするものではなく、死を連想させるものとなっている。

2 メキシコでは、古くからがい骨を身近にかざる習慣があった。

いろいろな国の先祖のまつり方

マリ

7年間続く祭り

西アフリカにあるマリには、23以上の民族が暮らしています。その一つであるドゴンの人々は、60年に一度の「シギの祭り」で先祖の霊をまつります。この祭りは、大きなヘビの仮面をつけたおどり手がドゴンの村々を7年かけて回ります。また、この祭りのときには村の集会所を建てかえ、社会の中心的な役割を若い世代の人に交代します。

大きなヘビの仮面をつけておどるドゴンの人々。

韓国

先祖をまつり、収穫に感謝する

韓国では9月の中ごろから10月のはじめごろに「秋夕（チュソク）」とよばれる日があり、その前後の日と合わせた3日間が休日になっています。この時期多くの人が墓参りをします。また、一族が集まって茶礼（チャレ）という儀式も行います。もともとは収穫に感謝する日でもあり、茶礼では「松もち（ソンピョン）」という新米でつくっただんごを供えて、先祖に感謝します。

茶礼で食べられる松もち。カラフルに色づけされている。

> ベトナムなどの東南アジアの国々にも、韓国と同じ時期に先祖をまつる習慣があるよ。

中国など

雨季に備えて墓を直す

中国や台湾では、春分から15日目の「清明節」の日に墓参りをします。その日には一族そろって先祖の墓を直し、草むしりをしてきれいにそうじします。清明節を過ぎると雨の多い季節になるので、その前に墓をきれいにしておくのです。また、紙のそなえものを燃やして、先祖の元に届けます。墓を直し終えたら、みんなで春の自然を楽しみながら弁当を食べます。

文化あれこれ

豆知識 アメリカなど
魔女やお化けとこわさくらべをする日

トリック・オア・トリートとは

諸聖人の日の前夜、つまり10月31日の夜には「ハロウィン」というお祭りがあります。家の窓や庭には「ジャック・オー・ランタン」をかざります。これは、大きなかぼちゃから目や口をくりぬいてつくったお化けで、中に明かりやろうそくをともします。悪魔をだましたために、永遠に天国に行けずにさまよっている「ジャック」という名前の人が手にもつ明かりだといわれています。

子どもたちは、魔女やオオカミ男、お化けなどに仮装して町へ出て、かざりつけをしてある家で「Trick or treat（トリック・オア・トリート）？」と声をかけます。「いたずらされるか、おもてなしするか、どっち？」という意味で、ほとんどの家ではお菓子をくれますが、お菓子をくれない家ではちょっとしたいたずらをすることになっています。

日本でもおなじみになったジャック・オー・ランタン。

身を守るために仮装する

ハロウィンはキリスト教の祭日ではなく、もともとはヨーロッパの「ケルト」という民族のお祭りです。ケルトの人々の信仰では、この日に帰ってくる先祖の霊といっしょに、魔女やお化けもやって来ると考えられていました。そこで、自分たちもこわいかっこうをして、魔女やお化けを追いはらったといわれています。また、仲間のふりをしてさらわれないようにしたという説もあります。

今では大人もふくめて、かわいいネコやおひめさま、有名人など、思い思いの仮装を楽しむ人が多いようです。日本でも、各地でハロウィンのパレードが行われるなど、季節のイベントの一つとして楽しむ人が増えてきました。

曜日についての考え方のちがい トンガの場合

日曜日に遊ん

トンガの子どもたちは、日曜日に家族で遊びに出かけな

日本では、日曜日は自由に過ごすことができる休日ですが…

日曜日が休日になったのは明治時代から

　日本では、現在「週休二日制」といって、多くの学校や役所、会社で土曜日と日曜日が休みとなり、家族でレジャーに出かけるなど、思い思いに過ごす日になっています。

　日本で日曜日が休日となったのは、明治時代からです。近代化を進めるために政府がやとったアメリカやヨーロッパの人たちの習慣に合わせ、役所は土曜日の午後と日曜日を休みにしました。それまでは、31日をのぞく1と6のつく日など、日付で休日が決まっていました。

　1990年代以降、土曜日の休みも広がり、公立の学校の多くでは2002年度から「週休二日」になりました。

日本にやって来た外国の人たちは、日曜日は仕事を休んで教会に行ったんだ。

じゃいけないの？

んだって、どうしてだろう…？

トンガでは、日曜日はおいのりをして静かに過ごす日です。

日曜日は神様のための日

キリスト教では、日曜日は仕事を休み、静かに過ごす「主日」です。熱心なキリスト教国のトンガでは、日曜日に仕事をすることを法律で禁止しているため、飛行機などの交通機関も止まります。トンガの多くの人たちは、家族で教会に行き、礼拝後は家でいのったり、聖書を読んだりして静かに過ごします。
　例外として、外国からの観光客のためのホテルなどは特別の許可をとって営業しています。また、警察や消防の人も働いています。

「主日」って何？
　旧約聖書には、最初に「神は6日かけてこの世界を創り、7日目に休んだ」とあります。そのため、ユダヤ教では週の最後の日である土曜日を「安息日」として仕事を休み、「神様にささげる日」にしました。
　ユダヤ教から生まれたキリスト教では、イエス・キリストが復活した日曜日を主日としてお祈りをする教派がほとんどです。

19

まとめ どうしてちがうの？

日曜日が、日本では自由に過ごす日で、トンガでは教会に行って静かに過ごす日なのは、次のような背景があるようです。

1. 日本では、とくに宗教的な決まりがないため、日曜日は自由に過ごす休日となっている。

2. トンガでは、キリスト教の「安息日」の習慣からできた法律によって過ごし方が決められている。

いろいろな国の曜日の意味

🇫🇷 フランスなど

「13日の金曜日」はえんぎが悪い？

キリスト教の中でもカトリックの国では、金曜日に何か新しいことを始めるのはえんぎが悪いとされています。それはイエス・キリストが十字架にかけられたのが13日の金曜日だからだといわれています。

しかし、実は13日だという記録はありません。13という数字が不吉だとされるのは、「聖書に書かれた『最後の晩さん』に参加したのが13人だったから」という説や、「金曜日に13人の魔女が集会を開くという言い伝えがあるから」という説があります。

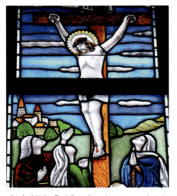
十字架をえがいたイエス・キリストのステンドグラス。

🇹🇭 タイ

毎日ちがう色の制服を着る？

タイには、曜日ごとに決まった色の制服を着る決まりになっている学校があります。これは、インドから伝わった、それぞれの曜日を守っている神様の体の色が元になっています。タイの人は自分の生まれた曜日を大切にしていて、大人も自分の生まれた曜日の色を好んで身につけるそうです。

🇹🇷 トルコ

イスラム教には仕事を休む日はない？

イスラム教では金曜日にモスク（イスラム教の礼拝所）に集まって礼拝をしますが、ユダヤ教の安息日やキリスト教の主日とはちがって、仕事をしてはいけないという決まりはないそうです。トルコはイスラム教の国ですが、ヨーロッパに合わせて土曜日と日曜日が休日になっています。そのほかのイスラム教の国では、金曜日が休みになります。

文化あれこれ

豆知識 日本

江戸時代は六つの曜日だった！？

日本では、その日のえんぎをうらなう方法がいくつもありました。その一つが江戸時代の終わりごろに広まった「六曜」（ろくよう／りくよう）で、現在の「曜日」の仕組みと似た部分もあります。六曜とは「先勝・友引・先負・仏滅・大安・赤口」という六つの日のくり返しのことです。このうち、「大安」の日はえんぎがよいので、結婚式などの祝いごとの日として人気があります。今でも六曜の書いてあるカレンダーがありますが、根拠はないため気にしない人も多くなりました。

六曜が記されたカレンダー。
画像提供：ハッピーカレンダー

豆知識 世界

週の始まりはいつ？

カレンダーや手帳には、一週間が日曜日から始まるものと、月曜日から始まるものがあります。本来、キリスト教では、一週間は日曜日から始まります。しかし、日本や中国など、キリスト教のえいきょうをあまり受けていない国では、学校や仕事が始まる月曜日を週のはじめと考えるようになりました。また、週休二日制が広まると、土曜日と日曜日にまたがって予定を書けるように、月曜日始まりのカレンダーや手帳が普及するようになりました。

月曜日始まりのカレンダー。

豆知識 ヨーロッパなど

年によって月が変わる祝日がある

毎年日付が変わる祝日を「移動祝日」といいます。たとえば、日本の「成人の日」は「1月の第2月曜日」と決まっている移動祝日です。

ヨーロッパには月まで変わってしまう移動祝日があります。キリストの復活を祝う「復活祭（イースター）」です。復活祭の日は「春分（3月21日）の後の、最初の満月後の日曜日」です。「日曜日」ということだけが決まっていて、3月下旬から4月下旬までのどこになるかは毎年ちがうのです。

イースターには、カラフルな卵がかざられる。

誕生日の祝い方のちがい　タイの場合

誕生日の人が、み

タイの友だちから、誕生日はみんなに料理をつくるって

日本では、誕生日の人にごちそうやプレゼントをして祝いますが…

一年間の幸せを願うお祝い

　日本では、世界の多くの国と同じく、誕生日をむかえた人は、家族や友人など周囲の人からごちそうやプレゼントで祝ってもらいます。誕生日には、一年間の無事と成長に感謝し、次の一年間も健康で幸せに過ごせるようにと願いをこめて祝います。

　個人の生まれた日を誕生日として祝うようになったのは、第二次世界大戦後のことです。それ以前は「数え年」といって、生まれたときにすでに1才で、そこからお正月をむかえるごとにすべての人が1才年をとると考えられていたため、一般の人は生まれた日に誕生日を祝う習慣はありませんでした。

数え年だと、今の年齢より2才近く上になることもあるよ。

んなにごちそうをするの？

聞いたんだけど、誕生日の人がごちそうをするの…？

🇹🇭 **タイでは誕生日の人がみんなにごちそうをします。**

28才になりました！

 よい行いをするチャンス

　タイでは、誕生日をむかえた人が、親せきや友人を自分の家にまねいて料理でもてなしたり、レストランでお祝いの食事をふるまったりします。

　これは、タイの仏教の「タンブン（徳をつむ）」という考え方にもとづいています。仏教では、死後にふたたび生まれ変わるという教えがありますが、徳をつむと、生まれ変わった先（来世）で幸せになれると信じられています。誕生日はよい行いができるチャンスなのです。

2月29日生まれの人の誕生日は？

　日本でも使われている太陽暦では、4年に一度の「うるう年」にだけ、「2月29日」があります。この日に生まれた人は、4年に1度しか年をとらないのでしょうか？

　日本の法律では、「誕生日の前日が終わる瞬間」に年齢が1つ上がるため、2月29日生まれの人は、2月28日が終わる瞬間に年をとることになります。

まとめ どうしてちがうの❓

日本では家族や友だちが誕生日の人にごちそうをしたりプレゼントをあげたりして、タイでは誕生日の人がまわりの人にごちそうをするのには、次のような背景があるようです。

1 日本では、まわりの人が一年間の成長を祝い、次の一年間も幸せであるようにと願う。

2 仏教徒の多いタイでは、徳をつむのがよろこびなので、誕生日の人がまわりの人にごちそうをして徳をつむ。

3 徳をつむのは、生まれ変わったときに幸せになるため。

いろいろな国の誕生日の祝い方

ブラジル

卵まみれの誕生日

1980年代から、ブラジルの一部で「誕生日の人に生卵と小麦粉をかける」という祝い方がされるようになりました。なぜそうなったのかはわかりませんが、「卵からはヒナが生まれるから」とも、「ケーキを材料のままプレゼントしている」ともいわれています。日本でも、ブラジル出身のサッカー選手がこのような祝い方をして、話題になりました。

ギリシャなど

誕生日より大切な守護聖人の日

ヨーロッパなどでは、キリスト教の「守護聖人」をもとに名前をつけることが多いといいます。守護聖人とは、個人や職業、町、国を守ってくれると考えられている聖人のことです。それぞれの聖人には記念日があり、ギリシャなどでは自分の守護聖人の日を誕生日よりも大切にし、祝います。また、町の守護聖人の日には町中で祝います。

カレンダーにも聖人の名前が記されているんだって。

オランダ

お菓子を配っていっしょに祝う

オランダでは誕生日の人はカードやプレゼントをもらいますが、誕生日の人もまわりの人にお菓子を配ります。一年間を無事に過ごして誕生日をむかえられたことを、まわりの人といっしょに祝うためです。学校では、誕生日だけはお菓子を持ってくることがゆるされ、クラスで祝うこともあるようです。

文化あれこれ

豆知識 インドネシア 〈 一年に３回、誕生日がくる？

　インドネシアはイスラム教徒が多い国ですが、バリ島に住む人はほとんどがヒンドゥー教徒です。そのバリ島では、一年に２回か３回、誕生日がきます。１回は、日本と同じ西暦の誕生日で、ケーキやごちそうを食べて祝います。あとの１回か２回の誕生日は「オトナン」とよばれます。「オトナン」は、一年が２１０日という「ウク暦」での誕生日です。オトナンの日には正装し、水で身を清めます。また、家の祭壇におそなえものをして、ヒンドゥー教の僧侶に、健康を願うおいのりをしてもらいます。

豆知識 日本 〈 最初の誕生日は特別

　２０世紀の半ばまで、日本では生まれた年を１才とし、新年をむかえるごとに年をとる「数え年」が一般的で、今のように誕生日を祝う習慣はありませんでした。みんながいっぺんに年をとるからです。しかし、最初の誕生日だけは特別に祝いました。そこでよく行われたのが、「一升餅」「力餅」などとよばれる祝い方です。子どもに一升（約２kg）のもち米でついたおもちを背負わせて歩かせるもので、今でも多くの地域に伝わっています。これは、量の単位の「一升」と子どもの「一生」をかけて、「一生食べものにこまらないように」などという願いがこめられています。

豆知識 ヨーロッパなど 〈 クリスマスはキリストの誕生日ではない！？

　１２月２５日のクリスマスは「キリストの誕生を祝う日」ですが、実は「イエス・キリストの誕生日」ではありません。イエス・キリストの生まれた日にちは、聖書にも書かれていません。キリスト教会が教えを広めるために、ヨーロッパで行われていた冬至の祭りを取り入れようと考え、時期が近い１２月２５日をクリスマスに定めたといわれています。
　歴史学や天文学などの分野で研究もされましたが、イエス・キリストの誕生日は不明なままです。現在のところ、「紀元前４年の夏」という説が有力です。

| 食事の習慣のちがい イランの場合 | # 断食って何のた

イランの友だちからのメールに「明日から1か月断食の

日本では、一日3回食事をするようにすすめられていますが…

一日3食は江戸時代以降

　現代の日本では、一日分の栄養を、朝・昼・夕の3回に分けてとることが健康によいとされ、多くの人が一日3食をバランスよく食べるように心がけています。一度にたくさんの量を食べられない小さな子どもは、食事の間のおやつで栄養を補給することも大事です。

　実は、一日3食の習慣が広まったのは江戸時代以降だと考えられています。それまでは朝食と夕食の2回だけで、体力を使う仕事の人だけが昼食をとっていました。しかし、ろうそくが広まり、夜おそくまで働くようになったため、朝と夕の間の昼に休みをとり、食事もするようになったといわれています。

一日2食のころは、朝食はおそめ、夕食は早めにとっていたんだって。

めにやるの？

「期間です」とあったんだけど、食事をしないでだいじょうぶなの…？

イランなどではイスラム教徒が1か月間断食をします。

イラン

 ## 太陽が出ている間だけ断食をする

イランなど西アジアに多いイスラム教徒は、イスラムの暦で9月にあたる「ラマダン月」の間、断食をします。断食は日の出から日の入りまでで、その間は水を飲むことも禁止されているため、日の出前にたくさん飲んだり食べたりします。

小さな子どもや高齢者、病人、妊娠中の女性などは断食をしなくてもいいことになっています。ラマダン月が明けると、無事に断食が終わったことを神様に感謝して、ごちそうを用意し、盛大に祝います。

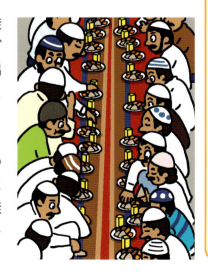

なぜ断食をしなくてはいけないの？

イスラム教徒が断食をする理由は、大きく三つあります。一つ目は神様の教えを守っていることを示すため、二つ目は将来の苦しみに備えて、自分をきたえるため。そして、三つ目は、空腹を体験することで、食べものが食べられない貧しい人の苦しみを知るためです。病気などで断食ができない場合は、代わりに貧しい人たちに寄付をします。

まとめ どうしてちがうの❓

日本では3食きちんと食べることがよいとされ、イランなどでイスラム教徒が断食を行うのには、次のような背景があるようです。

1 日本では、文明の発達で一日の労働時間が長くなり、3食とるようになった。

2 イランなどのイスラム教国では、神様の教えを守っていることを示すために、健康なイスラム教徒全員が決まった期間、日中に断食を行う。

🌐 いろいろな国の断食の習慣 ✈

🇮🇱 イスラエル

新年の10日目に断食を行う

　ユダヤ教では、ユダヤ暦の新年の10日間をいのって過ごすことになっています。この10日間の最後の日に、日没から次の日の日没まで断食をします。飲食だけではなく、労働、家事などもしてはいけません。礼拝に出席する以外は、外出もせず、家で静かに過ごします。なお、ユダヤ教でも、イスラム教と同じように、小さな子どもや妊娠中の女性、病人は水や食べものを口にすることができます。

🇮🇳 インド

神様によって決まりがちがう

　インドの多くの人々が信仰するヒンドゥー教では、人々はいろいろな日にさまざまなやり方で断食をします。ヒンドゥー教にはたくさんの神様がいるので、それぞれの人がいちばん大切にする神様の教えにしたがって断食をするのだそうです。たとえば、シヴァという神様を大切にする人は、シヴァが世界を救ったとされる日に、ラーマという神様を大切にする人は、ラーマが誕生したとされる日に断食をします。

🇧🇷 ブラジルなど

40日間静かに暮らす

キリスト教では、復活祭(イースター)の前の、日曜日をのぞく40日間を「レント」とよびます。これは、キリストが教えを広め始める前の40日間、断食をしたことにちなむ期間です。ブラジルに多いカトリックという教派では、この期間は食事や遊びをひかえめにして静かに生活するべきとされています。昔はレントの間ずっと肉を食べてはいけなかったので、その前に行われた肉をたくさん食べるお祭りが「謝肉祭(カーニバル)」だといわれています。

ブラジルのリオ・デ・ジャネイロで行われるカーニバル。

文化あれこれ

豆知識 日本

仏教の修行で断食を行う

仏教の宗派の一つである天台宗では、「千日回峰行」という7年間にもおよぶ修行の一部に断食があります。5年間にわたって山の中を、仏様をおがみながら歩いたのち、「堂入り」という9日間の修行に入ります。この「堂入り」の間は、食べものを食べず、水も飲みません。また、眠ること、体を横たえることもしてはいけません。一日に一度、仏様に供える水をくみに外へ出ますが、それ以外はずっと「不動真言」という、仏教の真理を表すことばをとなえ続けます。「堂入り」を終えた僧は、「阿闍梨」とよばれ、生きている人間でありながら、仏様に近づいたことになります。その後、さらに2年間の修行をへて、「千日」分の修行が終わります。あまりにもきびしい修行なので、この修行を達成した僧は、1945年から2016年までの間に13人しかいません。

豆知識 イギリスなど

「朝ごはん」は断食の終わり?

英語では朝ごはんのことを「breakfast(ブレックファスト)」といいます。「break(ブレイク)」は「こわす・終わらせる」、「fast(ファスト)」は「断食」という意味で、合わせて「断食を終わらせる」という意味になります。つまり、「断食を終えた最初の食事」が「一日の最初の食事」である「朝ごはん」を指すようになったのです。

イギリスの伝統的な朝食の例

動物の登場する お祭りのちがい スペインの場合	# 牛に追われるお

スペイン旅行から帰ったいとこに、みんなが牛に追いか

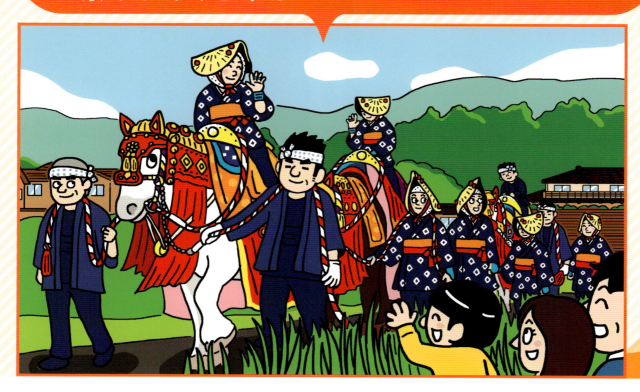

日本には、馬を連れて歩く
お祭りがありますが…

 ## 馬は農作業をする仲間

　岩手県には、あざやかなかざりをつけた100頭もの馬を、神社まで連れて歩くお祭りがあります。馬のかざりには、1頭あたり700個の鈴がつけられていて、この鈴が「チャグチャグ」と鳴るので、このお祭りは「チャグチャグ馬コ」とよばれています。

　このお祭りは、農作業に使う馬に感謝し、病気やけがをしないようにと神社でいのったことが始まりだといわれています。もともとは旧暦の端午の節句（→p.8）、現在の6月初めに行われており、田植えなどの農作業でいそがしい時期に、休みをとるという意味もあったようです。

馬の背中には
昔の農作業の服を
着た子どもが
乗るんだって。

祭りがあるの？

けられている写真を見せてもらったんだけど、これがお祭り…？

 スペインには、人々が牛に追いかけられるスリル満点のお祭りがあります。

闘牛のために牛を連れていったのが始まり

スペインのパンプローナ市の「サン・フェルミン祭」では、ダンスやパレードに加え、「エンシエロ」とよばれる、人が牛に追いかけられる行事があります。参加者のほとんどは白い服を着て赤いスカーフを首に巻き、腰に赤いひもをつけて、800mほどの道を走りぬける牛の前を走ります。

もともとは牛を闘牛場に連れていくため、通り道にさくをつくり、馬に乗った人が牛を追い立てていましたが、19世紀から、人が牛の前を走るようになりました。

なぜ危ないことをするの？

午前中にエンシエロで人間を追いかけた牛は、午後は闘牛士にたおされます。この地方では、昔から何度も他民族にせめこまれたため、自分たちをおそう他民族を牛に重ね合わせているのではないかといわれています。

また、牛の間近を走ることで勇気と強さを証明できると考えているそうです。

まとめ どうしてちがうの？

日本には馬を連れて歩くお祭りがあり、スペインには牛に追いかけられるお祭りがあるのには、次のような背景があるようです。

1. 日本では、農作業でともに働く馬を家族のように考え、無事をいのるために神社へ連れていった。
2. スペインでは、牛をたたかう相手と考え、闘牛場へと追い立てた。
3. 人が牛の前を走るようになったのは、勇気と強さがあることを証明するためだと考えられている。

いろいろな国のお祭り

🇮🇳 インド

色水をかけ合うお祭り

春に行われる「ホーリー」というお祭りでは、人々は色水や色のついた粉をたがいにかけ合います。もともとは、ヒンドゥー教の神話に出てくる神様のいたずらをまねしたり、悪魔を追いはらうためにどろを投げつけたりした風習が、混ざり合ったものといわれています。使われる色は、香辛料からとれる赤や黄色が中心でしたが、今では青や銀なども使うようになりました。

色のついた粉まみれになる人々。

🇬🇧 イギリス

パンケーキを焼きながら教会へ

パンケーキを食べる競争ではなく、運ぶ競走があります。イギリスのオルニーという村では、エプロンをしてスカーフをかぶった参加者が、パンケーキをのせたフライパンを持って、教会までの約380mを走ります。イギリスでは、レント（→p.29）の前に食材を使い切るために、パンケーキを食べる習慣がありますが、15世紀中ごろ、パンケーキを焼くのにいそがしかった女性が、フライパンを持ったまま教会にかけつけたのがお祭りの始まりです。

🇱🇰 スリランカ

100頭の象のパレード

スリランカに伝わる宝物に、「ブッダの歯」があります。毎年、エサラ月（7〜8月ごろ）には、この宝物を象の背中にのせて町中をパレードする「エサラ・ペラヘラ祭」が行われます。お祭りは2週間続き、最後の夜には豆電球でかざった100頭の象と、大勢のおどり子が行進。先頭の象の背中に宝物が入った銀の小箱がのっています。

豆電球でかざりつけられた象。

スペイン

トマトを投げ合うお祭り

スペインのブニョールという町で、1940年代にトマトを投げ合った人たちがいました。その理由はよくわかっていませんが、毎年トマトを投げ合っているうちに、その名も「ラ・トマティーナ（トマト祭り）」というお祭りになってしまいました。禁止された時期もありましたが、今では正式なお祭りです。人々はトラック数台分ものトマトを投げ合い、終わるころには町中がまっ赤にそまります。

 日本

日本の「闘牛」は牛対牛

愛媛県の宇和島にも「闘牛」の行事があります。スペインの闘牛は牛と人間がたたかいますが、宇和島の闘牛は「勢子」とよばれる人が牛をはげまし、牛どうしが土俵上でたたかいます。大相撲と同じように番付があり、同じ番付の牛どうしが勝負します。この行事の由来は、はっきりしていませんが、農作業用の牛どうしが角をつき合わせたことから始まったと考えられています。

宇和島以外にも、島根県の隠岐や、鹿児島県の徳之島など、全国で闘牛が行われています。隠岐の闘牛は、「牛突き」とよばれ、13世紀、島流しにされた後鳥羽上皇をなぐさめるために行われたのが始まりとされています。

宇和島では、今は闘牛のために牛を飼っているぜ。

 イギリス

牛とたたかう犬がいた

世界には、牛と犬がたたかう「闘牛」もあります。イギリス生まれの犬の「ブルドッグ」は、「bull（ブル）」が「雄牛」、「dog（ドッグ）」が「犬」という意味です。つまり、雄牛とたたかわせるための犬なのです。

たれさがった、ほおがとくちょう的な現代のブルドッグ。

地域の伝統や文化が 世界のさま

記念日とお祭り

祭りは、その国の地域の文化や習慣を表しています。なものや変わったものを集めてみました。

🇬🇧 ガイ・フォークス・ナイト／11月5日（イギリス）

「ガイ・フォークス」という大きな人形を燃やす祭りです。ガイ・フォークスは1605年に国会議事堂を爆破しようとしてつかまった実在の人物です。人々はかがり火をたき、爆竹をならし、花火を打ち上げて、平和が守られたことを祝います。

©Paul-Fotolia.com

🇧🇬 バラ祭り／6月初め（ブルガリア）

ブルガリアは、バラを育てやすい気候のため、バラの生産がさかんです。「バラの谷」とよばれるカザンラクでは、毎年バラの花がさく時期に感謝の祭りを行います。民族衣装を着た人々がパレードを行い、バラ畑でダンスをおどります。

©nikolay100-Fotolia.com

🇹🇳 サハラフェスティバル／12月下旬（チュニジア）

チュニジアで1967年に始まった遊牧民の祭りです。サハラ砂漠の入り口のドゥーズの町に、ベドウィンとよばれる砂漠で暮らす遊牧民が集まります。パレードやダンス、ラクダやアラブ馬の競走、詩のコンテストなどが行われます。

写真：AP／アフロ

🇹🇿 ムワカ・コグワ／7月第3週（タンザニア）

ゾロアスター教の新年の祭りです。男性たちがバナナのくきでなぐり合い、一年分の不平不満を追い出して、新たな気持ちで新年をむかえます。女性たちは周りを取りかこんで歌を歌い、男性にメッセージを伝えます。なぐり合いの後には、ごちそうとダンスが待っています。

写真：Alamy／アフロ

わかる！ ざまな祭り

世界中でどんな祭りが行われているのか、有名

ディワーリー／10月末または11月初め（インド）

「ディワーリー」は「光の集まり」という意味で、ヒンドゥー教のラクシュミーという女神をむかえる祭りです。町中にろうそくなどの明かりがともされるので、「光のフェスティバル」ともよばれます。人々は、プレゼントを持って親せきや友人をたずねます。

ガウチョ祭り／11月前半（アルゼンチン）

「ガウチョ」とは、スペイン語でカウボーイのことです。祭りでは自慢の馬を連れたカウボーイが集まり、人々は焼きたての牛肉を食べ、歌とおどりを楽しみます。期間中の日曜日にはパレードと、あばれ馬を乗りこなす「ロデオ」が行われます。

ぼくが行ったことのない祭りもあるな〜。こんど行ってみようっと。

日本の祭り

三社祭
5月中ごろ（東京都）

東京・浅草にある浅草神社の祭りです。3体のお神輿が町をねり歩きます。このときに、お神輿をゆらすことで、豊作・豊漁や健康をいのります。

青森ねぶた祭　8月初め（青森県）

「ねぶた」という大きな山車が、おはやしやおどり子といっしょに町をねり歩きます。ねぶたはお神輿や山鉾とはちがい、物語の一場面や登場人物などの形をしています。

ゴールデン・シアーズ／3月（ニュージーランド）

祭りの名前は「金のハサミ」という意味です。この「ハサミ」は羊の毛をかるためのハサミで、羊の毛がり競争や、かった毛を集める競争が行われます。羊の数が人口の6倍以上にもなるニュージーランドならではの祭りです。

冬至の習慣のちがい スウェーデンの場合

もっとも夜が長い冬至

スウェーデンの友だちが見せてくれた冬至のお祭りの写

日本では、ゆず湯に入り、かぼちゃを食べますが…

健康に過ごせるように願う

　冬至の日にゆず湯に入るのは、季節の変わり目に身を清める行事に由来しており、湯船にゆずを入れることで体が温まる効果もあります。また、「冬至の日にかぼちゃを食べるとかぜをひかない」といわれています。保存のきくかぼちゃは、野菜が足りなくなる冬に、ビタミンをたくさんとれる貴重な食べものだったので、このようにいわれていると考えられます。このほか、あずきの赤い色が悪い気を追いはらうと信じられており、あずきのおかゆを食べる習慣もあります。

　もっとも寒い時期が始まる冬至の習慣には、いずれも冬を健康で過ごせるようにという願いがこめられています。

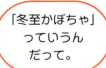
「冬至かぼちゃ」っていうんだって。

に、「光」のお祭りをするの❓

真っ暗い中でろうそくを持って集まった人は、何をしているの…？

 スウェーデンでは、光の祭りを行います。

 光の守護聖人の日

スウェーデンなどヨーロッパの北部では、旧暦の冬至にあたる12月13日に、キリスト教の光の守護聖人（→ p.24）、聖ルシアの祭りが行われます。聖ルシア役の女の子は、白いワンピースに赤い帯をしめ、ろうそくを立てたかんむりをかぶっておともとパレードをします。かんむりの常緑樹の枝は「命」を、ろうそくのほのおや赤い帯は「太陽」を表します。また、この日からクリスマスの終わりまで、麦の穂を玄関や畑にかざって翌年の豊作を願います。

冬至ってどういう日なの？

冬至は一年でもっとも昼間が短くなる日です。スウェーデンのように緯度の高い地域では、冬至のころは正午でも夕方ぐらいの暗さで、午後3時ぐらいで日がしずみます。冬至を境に、少しずつ太陽の出ている「昼間」が長くなることから、昔のヨーロッパの人々は冬至を新しい一年の始まりと考えたのです。

まとめ どうしてちがうの❓

冬至の日に、日本では健康を願う習慣があり、スウェーデンでは光の祭りを行うのには、次のような背景があるようです。

1 日本では、冬至のころからとくに寒くなり始めるので、かぜなどをひかないように、病気を追いはらう習慣ができた。

2 スウェーデンは、緯度が高く日光が貴重なので、日が長くなり始める冬至から新年とする考えがあり、祝う習慣があった。

いろいろな国の季節のお祭り

🇿🇲 ザンビア

こう水から逃げるためのお祭り

ザンビアのサンベジ川の流域では、雨季の終わり（4〜5月ごろ）になると川の水があふれます。そこで、周辺に住むロジの人々は、湿地に住む王を船に乗せて、水が届かない上流の王宮に送り届けます。これは、「水から出る」という意味の「クオンボカ」という祭りで、赤いターバンを頭に巻いた124人が王の船をこぎ、人々の乗った100そうもの小舟がそれを追いかけます。

🇸🇬 シンガポール

中国から伝わった月見の風習

シンガポールでは、旧暦の8月15日にあたる満月の夜に、ランタン祭りが行われます。日本の月見と同じく、もともとは中国の「中秋の季節に月の美しさを楽しむ」という風習が伝わったものです。月見に欠かせないのが道を照らすランタンで、公園などには大きなランタンがかざられ、人々はさまざまな色や形のランタンを持って町に出ます。また、卵の黄身や肉、木の実などが入った「月餅」を家族で食べます。

さまざまなランタンで照らされたシンガポールの川沿い。

🇬🇧 イギリス

春を祝うフォークダンス

イギリスでは5月1日に、春がきたことを祝うお祭りが行われます。広場に「メイポール（五月の柱）」を立て、女性は花冠、男性は花のついた麦わらぼうしをかぶるのが伝統的なスタイルです。柱の上部から下がっている色とりどりのリボンを持って柱のまわりでフォークダンスをおどり、リボンを柱に巻きつけていきます。

文化あれこれ

豆知識 日本 「月遅れ」の行事は何のため？

新暦と旧暦

現在私たちが使っている「新暦」は、明治時代になってから使われるようになった「太陽暦」で、太陽の動きから日付を決めます。それまでは、中国から伝わった「太陰太陽暦」が使われていました。これは、月の満ち欠けをもとにしながら、太陽の動きとも合うように計算した暦で、「旧暦」とよばれます。旧暦では新暦の2月初めごろを新年とするため、新暦よりも約1か月近く遅れた日付になります。

行事の季節を守る

日本で行われる行事には、正月をはじめ、3月3日の桃の節句や、5月5日の端午の節句のように、「日付」が重要なものが多くあります。これらの行事は、そのまま新暦の日付で行われるようになりましたが、そうすると本来よりも1か月ほど早く行われることになるので、季節がずれてしまうものもあります。

そこで、行事を本来の季節に行うための工夫が「月遅れ」です。旧暦の日付に合わせようとすると不便なので、新暦の日付よりちょうど1か月後に行うというものです。そうすることで、本来の季節に行事を行えるようになります。月遅れの行事として、お盆や仙台（宮城県）の七夕まつりが有名ですが、端午の節句などを月遅れで祝う地域もあります。

10m近くある笹かざりが町をいろどる仙台の七夕まつり。
画像提供＝仙台七夕まつり協賛会

豆知識 ベトナム 「ネコ年」や「ブタ年」がある十二支

日本の言い伝えでは、ネコはネズミにだまされて十二支を決める競走に参加できなかったため、ネコ年がないとされています。ところが、ベトナムの十二支にはウサギの代わりにネコが入っています。

なぜそうなったのかはよくわかっていませんが、中国語の「ウサギ」という語の発音とベトナム語の「ネコ」という語の発音がよく似ていたから、という説が有力です。また、イノシシの代わりにブタが入っている国も多くあります。中国や韓国では、子どもをたくさん産むブタを子宝の象徴と考えるからです。

> ベトナムやタイでは、ヒツジ年がなくてヤギ年があるよ。

記念日とお祭り

お祭りって何のためにあるの?

世界にはさまざまなお祭りがあります。お祭りはどのようにして始まり、何のために行われているのでしょうか?

自然や神への信仰が背景に

「祭り」ということばは、もともとは神などをおがみ、あがめる意味の「まつる」ということばに関係があります。ここからわかるように、お祭りが行われるようになった背景には、人々の神や仏などを信仰する気持ちがあります。さらに古い時代から、山や湖などの自然やさまざまな自然現象も信仰の対象とされてきました。いずれの場合も、神の行いや自然現象が人を困らせることがないようにと大さわぎをしてお願いし、神に楽しんでもらおうというのがお祭りの始まりのようです。

古くから信仰の対象だった富士山。

自然信仰の歴史

わたしたちの祖先は、文字で歴史を書き残すようになるずっと前から、太陽や月、大きな岩や泉、さらには動物や植物なども信仰の対象としてきました。これらの自然は、大昔の人々の暮らしと密接に結びつき、めぐみをあたえる反面、人々を危険にさらすこともありました。人々は危険なことが起こるのは、自然のいかりにふれるためだと考え、自然をなだめ、めぐみに感謝するようになりました。このような自然に対する信仰が、多くの宗教の原型だと考えることができます。

大きな木にしめなわをつけてまつる神社。

信仰とともに広がるお祭り

自然に対する信仰は、やがて自然を人間のような存在になぞらえ、太陽の神様や月の女神様といった、神の姿を想像するようになりました。それらの信仰は、社会的な集団と深く関係していて、たとえば、ある集落で太陽の神様をあがめるならば、その集落全員が太陽の神様を信じました。このため、お祭りも集落全体で行っていたのです。その後にうまれた、仏教やキリスト教などの宗教は、それぞれの教えとともにその宗教独特のお祭りも世界に広めていきました。

日本で太陽の神として親しまれる天照大神をまつる天岩戸神社。

日本の変わったお祭り

祭 なまはげ（秋田県）

　秋田県の男鹿半島を中心に行われるお祭りです。本来は「小正月」といわれる旧暦の1月15日の行事ですが、新暦の1月15日や大みそかに行うことが多くなっています。鬼の姿をして、木でできた包丁や金棒などを手にした人が地域の家に上がりこみ、「泣く子はいないか、親の言いつけを守らない子はいないか。」などと大声で問いただします。なまはげは鬼の姿をしていますが、遠くから来た神であるともいわれています。

秋田県男鹿市にある、なまはげの像。

祭 御柱祭（長野県）

　長野県諏訪地方にある、諏訪大社の四すみに立てる柱にする大きな木を山から切り出して運ぶお祭りです。6年に一度、寅年と申年の4～5月に行われます。長さ17m、直径が1mをこえるモミの大木を山中で切りたおし、諏訪大社までつなでひき、御柱として社殿に建てます。斜面をすべらせる「木落し」では死者が出ることがあるほど危険ですが、たくさんの人が信仰心と勇気の証明として柱に乗ります。

切りたおした大木は、山の斜面をすべらせて運ぶ。

祭 吉田の火祭り（山梨県）

　山梨県の北口本宮冨士浅間神社と諏訪神社で、富士山の山じまいのために行われる祭りで、「鎮火祭」ともよばれています。毎年8月26、27日に行われ、とくに26日の夜には、町中に立てられた70本をこえる大きなたいまつに火がつけられます。このたいまつは、まきをゆってつくられ、高さ3mにもなります。家々でも小さなたいまつに火をともし、町中がたいまつの明かりに包まれます。

富士山を背景に大きなたいまつが燃える吉田の火祭り。　写真協力：一般財団法人ふじよしだ観光振興サービス

記念日とお祭り

日本人の宗教観

日本人は宗教を信じないといわれることがあります。本当でしょうか？ 実はさまざまな宗教を受け入れる世界的にも特ちょうのある宗教観をもっています。

八百万の神とは？

日本には古くから「神道」という独自の宗教があり、とても多くの神がいることが特ちょうです。神道では、太陽、月、海、山などの自然や雷などの自然現象、また、剣や鏡などあらゆるものに神がやどっていると考えるため、その数の多さから「八百万の神」がいると表現されます。ここでの「八百万」はとても数が多いことを表すことばで、実際の数字を表したものではありません。

八百万の神をえがいた江戸時代の浮世絵。
画像提供＝国立国会図書館

神道と仏教

神道とならんで日本人になじみのある宗教は仏教ですが、これは日本に元からあった宗教ではありません。インドでおこった仏教は、中国や朝鮮半島を通って日本に伝わり、6世紀になって聖徳太子などの当時の有力者が布教に力を入れたため、各地に広まりました。仏教には世界の創造者としての神はいませんが、さとりを開いた仏は多数存在します。日本でうまれた、多くの神々がいる神道と仏教がうまく共存していった理由の一つはそこにあるともいえ

そうです。

6世紀末の創建とされる奈良の飛鳥寺。

クリスマスも大好き！

神道や仏教など、多くの神や仏がいる宗教が身近な日本人にとって、新しい文化や宗教もそれほど受け入れにくいものではありません。キリスト教は、神道や仏教とはちがい、ただ一つの神を信じる宗教ですが、キリスト教の記念日であるクリスマスは、現在では多くの日本人が年中行事の一つとして祝っています。プレゼントをおくり、パーティーを開いてごちそうを食べる、といったクリスマスの習慣が、キリスト教の信者かそうでないかにかかわらず、広く取り入れられています。

クリスマスの時期はさまざまな場所でイルミネーションが見られる。

三大宗教とは

キリスト教

紀元前18世紀ごろからあったユダヤ教というユダヤ人の宗教をもとに、2000年ほど前のイエス・キリストという人物の出現がきっかけとなってうまれた宗教です。イエスは救い主とされ、人々を救うために十字架にかけられ、3日後に生き返り、天にのぼったと信じられています。キリスト教は聖書とよばれる教典を大切にしています。現在では世界中に広まり、ヨーロッパを中心に24億人以上の信者がいます。

キリスト教のローマ・カトリックという教派の中心地であるバチカンのサンピエトロ大聖堂。

仏教

紀元前5世紀ごろに、北インドに現れたシャカ(ガウタマ・シッダールタ)という人物によって始まった宗教です。シャカはさまざまな迷いを捨て、真理を知ることができる「さとり」の状態になることができ、そのことを多くの弟子に教えました。この教えがインドや中国などアジアを中心に広まり、現在では世界各地に5億人近くの信者がいます。

シャカが「さとり」を開いたとされるブッダガヤにあるマホーボディ寺院(インド)。
©conanedogawa-Fotolia.com

イスラム教

7世紀初めにアラビア半島にあるメッカという場所でムハンマド(マホメット)という人物が始めた宗教です。ユダヤ教やキリスト教の流れをくみ、アッラーとよばれるただ一つの神を信じています。「コーラン」を教典とした、一日5回の礼拝や断食など、厳しい決まりを守ることで有名です。現在では世界中に広まり、「ムスリム」とよばれるイスラム教徒の数は約17億人といわれています。

イスラム教の聖地であるサウジアラビアのメッカにあるカーバ神殿。
©Jasmin Merdan-Fotolia.com

この本で紹介した国と地域

 ## イラン

（紹介ページ：12、26〜28）

正式名称◆イラン・イスラム共和国　面積◆162.9万 km²（日本の約4.3倍）　人口◆8004万人（2016年）　首都◆テヘラン
おもな言語◆ペルシア語　宗教◆おもにイスラム教

　西アジアにある、面積世界一の湖・カスピ海に面する国です。かつてペルシアとよばれ、古代ペルシア帝国の遺跡が残ります。国土のほとんどが乾燥帯に属し、砂漠もみられます。国民のほとんどが熱心なイスラム教徒で、女性の多くがチャドルとよばれる肌をかくした黒い服を着ています。世界有数の石油・天然ガスの産出国で、日本をはじめ世界各国に輸出しています。古くから生産されている「ペルシアじゅうたん」が人気です。

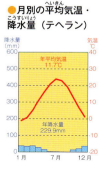

月別の平均気温・降水量（テヘラン）

 ## 韓国

（紹介ページ：12、13、16、39）

正式名称◆大韓民国　面積◆10.0万 km²（日本の約4分の1）
人口◆5050万人（2016年）　首都◆ソウル
おもな言語◆韓国語　宗教◆おもにキリスト教、仏教、儒教

　東アジアの朝鮮半島南部にある国で、古くから日本と交流してきました。1910〜1945年まで日本の植民地となり、第二次世界大戦後の1948年に北の朝鮮民主主義人民共和国（北朝鮮）と分断して独立しました。1960年代から進められた工業化によって経済が急速に発展し、現在はコンピューター部品の製造、自動車工業、造船業などが発達しています。キムチやプルコギ（焼き肉）などの食文化のほか、近年では韓国の映画・テレビドラマやアイドルが日本でも人気があります。

月別の平均気温・降水量（ソウル）

スリランカ

（紹介ページ：32）

正式名称◆スリランカ民主社会主義共和国　面積◆6.6万km²（日本の約6分の1）　人口◆2081万人（2016年）　首都◆スリジャヤワルダナプラコッテ　おもな言語◆シンハラ語、タミル語　宗教◆おもに仏教

　インドの南東に浮かぶ南アジアの島国で、涙のような形に特徴があります。熱帯林が生い茂り、ゾウやヒョウなどがすむ野生生物の宝庫です。かつてイギリスの植民地支配を受けましたが、1948年にセイロンの名で独立し、1972年にスリランカの名に改めました。世界的な茶の産地で、この地でつくられた茶は「セイロンティー」として知られます。20年以上も内戦が繰り広げられましたが、2009年に終結しました。

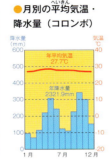

●月別の平均気温・降水量（コロンボ）

トルクメニスタン

（紹介ページ：10）

正式名称◆トルクメニスタン　面積◆48.8万km²（日本の約1.3倍）　人口◆544万人（2016年）　首都◆アシガバット　おもな言語◆トルクメン語　宗教◆おもにイスラム教（スンナ派）

　中央アジアにある内陸国で、西が世界最大の湖・カスピ海に面します。かつてシルクロード（絹の道）が通り、東西貿易の要所となってきました。全体的に乾燥した気候で、国土のほぼ中央には砂漠が広がり、夏場には50度を超えることもあります。国民のほとんどがイスラム教徒ですが、キリスト教のロシア正教を信仰する人もいます。石油や天然ガスが産出するほか、名馬やじゅうたんの産地としても知られています。

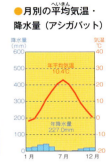

●月別の平均気温・降水量（アシガバット）

トルコ

（紹介ページ：8～10、20）

正式名称◆トルコ共和国　面積◆78.4万km²（日本の約2.1倍）　人口◆7962万人（2016年）　首都◆アンカラ　おもな言語◆トルコ語　宗教◆おもにイスラム教

　アジアとヨーロッパにまたがる国で、古くから交通の要所として栄えました。そのため、東西の文化が融合した独特な雰囲気がただよいます。かつてオスマン帝国の中心地として栄え、当時の首都イスタンブールにはスルタン（王）の宮殿などが残り、当時の繁栄ぶりを知ることができます。奇岩が広がるカッパドキアやローマ帝国の遺跡が残るエフェスなど、観光名所が豊富です。シシケバブに代表されるトルコ料理は世界三大料理のひとつに数えられます。

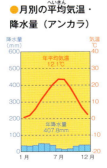

●月別の平均気温・降水量（アンカラ）

イタリア

（紹介ページ：4～6、12）

正式名称◆イタリア共和国　面積◆30.2万km²（日本の約8割）　人口◆5980万人（2016年）　首都◆ローマ　おもな言語◆イタリア語　宗教◆おもにキリスト教（カトリック）

　ヨーロッパ南部にある長靴のような形をした国です。かつてローマ帝国の中心地として栄え、首都ローマにはコロッセオなど当時の遺跡が残ります。ほかにも、水の都ベネツィア、芸術の都フィレンツェ、ピサの斜塔など見所が豊富です。地中海沿岸ではオリーブ・ぶどうの栽培がさかんで、ぶどうを原料にしたワインの産地として知られています。ファッションの発信地のひとつで、服、バッグ、靴などのイタリアブランドは世界的に人気があります。

●月別の平均気温・降水量（ローマ）

※気温・降水量データは『理科年表』（平成28年版）世界気象機関（WMO）のウェブサイトなどを、国勢データは『世界国勢図会』『データブック・オブ・ザ・ワールド』などを参照しました。

スウェーデン
(紹介ページ：13、36〜38)

正式名称◆スウェーデン王国　面積◆45.0万km²（日本の約1.2倍）
人口◆985万人（2016年）　首都◆ストックホルム　おもな言語◆スウェーデン語　宗教◆おもにキリスト教（スウェーデン国教会）

　北欧（北ヨーロッパ）のスカンディナビア半島に位置する南北に長い国です。大部分が森林におおわれ、多くの氷河がみられることから「森と湖の国」とよばれます。全体的に寒い気候で、隣のノルウェーやフィンランドと同様に、夏に一日中太陽が沈まずにうす明るい状態が続く白夜や、オーロラがみられます。社会保障制度が充実した福祉国家として知られ、「ノーベル賞」の生みの親アルフレッド＝ノーベルの生まれた国でもあります。

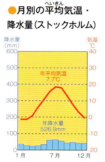

ザンビア
(紹介ページ：38)

正式名称◆ザンビア共和国　面積◆75.3万km²（日本の約2.0倍）
人口◆1672万人（2016年）　首都◆ルサカ
おもな言語◆英語　宗教◆おもにキリスト教

　アフリカ大陸の南部にある内陸国で、ライオン、ゾウ、サイ、カバなどがすむ野生生物の宝庫です。内戦や紛争が多いアフリカの中にあって政治が安定している、アフリカでもっとも平和な国のひとつです。「カッパーベルト」とよばれる銅の埋蔵地帯にあって銅が産出するほか、レアメタル（希少金属）のコバルトも産出します。ジンバブエとの国境を流れるザンベジ川には、世界三大瀑布（滝）に数えられるビクトリアの滝があります。

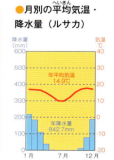

マリ
(紹介ページ：16)

正式名称◆マリ共和国　面積◆124.0万km²（日本の約3.3倍）
人口◆1814万人（2016年）　首都◆バマコ
おもな言語◆フランス語　宗教◆おもにイスラム教

　アフリカ大陸の西部にあり、北部をサハラ砂漠が占める国です。サハラ砂漠には、遊牧生活をするトゥアレグ族が住んでいます。13〜17世紀にかけてマリ帝国などが栄えましたが、19世紀末にフランスの植民地になりました。産業はあまり発達していませんが、ニジェール川流域で綿花やピーナッツの栽培が行われているほか、金が産出し、重要な輸出品になっています。南部の都市ジェンネには、泥でつくられためずらしいモスクがあります。

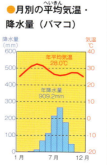

メキシコ
(紹介ページ：13〜16)

正式名称◆メキシコ合衆国　面積◆196.4万km²（日本の約5.2倍）
人口◆1億2863万人（2016年）　首都◆メキシコシティ
おもな言語◆スペイン語　宗教◆おもにキリスト教（カトリック）

　北アメリカ大陸の南部に位置し、南アメリカの国々とともにラテンアメリカとよばれます。古代にティオティワカン文明やマヤ文明など高度な文明が発達し、14〜16世紀前半にはメキシコシティを中心にアステカ帝国が栄えましたが、16世紀前半にスペインに滅ぼされました。とうもろこしの栽培がさかんで、その粉でつくった皮（トルティーヤ）に肉や野菜をはさんだタコスなどのメキシコ料理が知られています。石油や銀、銅など鉱産資源も豊富です。

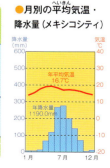

ブラジル

（紹介ページ：12、24、29）

正式名称◆ブラジル連邦共和国　面積◆851.5万 km²（日本の約23倍）
人口◆2億957万人（2016年）　首都◆ブラジリア
おもな言語◆ポルトガル語　宗教◆おもにキリスト教（カトリック）

南アメリカ大陸にある、世界第5位の面積の国です。赤道が通る北部に流域面積世界一のアマゾン川が流れ、その周辺に世界最大級の熱帯林が広がります。コーヒー豆やさとうきび・とうもろこしの栽培がさかんな農業国ですが、鉄鉱石や石炭など鉱産資源が豊富で、工業も発達しています。かつて多くの日本人が移住したため、現在約190万人の日系人が住んでいます。サッカーの強豪国で、ワールドカップでは最多の優勝をほこります。

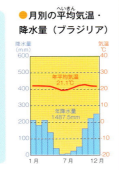

● 月別の平均気温・降水量（ブラジリア）

トンガ

（紹介ページ：18～20）

正式名称◆トンガ王国　面積◆0.07万 km²（対馬とほぼ同じ）
人口◆10.7万人（2016年）　首都◆ヌクアロファ
おもな言語◆トンガ語、英語　宗教◆おもにキリスト教（プロテスタント）

南太平洋のポリネシアにある、約170の島々からなる国です。一年中暑い熱帯に属し、美しいさんご礁の海に囲まれています。かつてイギリスの保護領だったため、英語が公用語のひとつになっています。民主的な政治体制がしかれていますが、現在も国王が強い権力をもちます。おもな産業は農業と漁業で、コプラ・やし油・かぼちゃの栽培がさかんです。とくにかぼちゃは主要な輸出品で、トンガの経済を支えています。

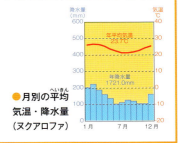

● 月別の平均気温・降水量（ヌクアロファ）

1巻	オマーン、カンボジア、中国、フィリピン、デンマーク、ハンガリー、フィンランド、ラトビア、タンザニア、キューバ、パナマ、ニュージーランド
2巻	インドネシア、インド、パプアニューギニア、ベトナム、ミャンマー、ギリシャ、ロシア、ガーナ、スーダン、南アフリカ共和国、リベリア、ハワイ
3巻	イスラエル、モンゴル、アイルランド、イギリス、スイス、スコットランド、ブルガリア、エジプト、カメルーン、ブルキナファソ、ペルー、タヒチ
4巻	シンガポール、タイ、ブルネイ、オーストリア、オランダ、スペイン、ドイツ、フランス、アメリカ合衆国、カナダ、アルゼンチン、オーストラリア

他の国々の説明は、左の巻を見てね！

※気温・降水量データは『理科年表』（平成28年版）世界気象機関（WMO）のウェブサイトなどを、国勢データは『世界国勢図会』『データブック・オブ・ザ・ワールド』などを参照しました。

監修　須藤　健一（国立民族学博物館長）

装丁・レイアウト
株式会社クラップス（佐藤かおり）

表紙イラスト
柏原昇店

本文イラスト・図版
柏原昇店、駒村美穂子

執筆協力
今 由音、佐野秀好、野口光伸

編集協力
株式会社美和企画（大塚健太郎）
林 郁子

地図制作（見返し）
城戸智砂子

写真・図版協力
写真AC、切手の博物館、Photolibrary、Fotolia.com、国立国会図書館、ハッピーカレンダー、Aflo、仙台七夕まつり協賛会、ふじよしだ観光振興サービス

編集
藤井 彩、中山敏治

おもな参考文献
『年中行事 ポプラディア情報館』ポプラ社、『世界のおまつり 世界の子どもたち』ほるぷ出版、『図説 ヨーロッパの祭り』河出書房新社、『ビジュアル版 世界のお祭り百科』柊風舎、『暦入門 －暦のすべて－』雄山閣、『シリーズ世界のお祭り』（各巻）同朋舎出版、『きみにもできる国際交流』（各巻）偕成社、『写真で見る世界の人びと』ポプラ社、『世界の祭り大図鑑 国際理解を深めよう！ 知らない文化・伝統・行事もいっぱい』PHP研究所、『世界各地のくらし』（各巻）ポプラ社、『ヒンドゥー教の事典』東京堂出版、『世界の祭り 子どもの祭りシリーズ』（各巻）小峰書店、『日本の祭り』（各巻）理論社、『日本人の宗教と動物観 －殺生と肉食－』吉川弘文館、『一生に一度は見たい世界の祭り』宝島社

```
NDC     監修　須藤健一
380
        ワイワイ　記念日とお祭り
        （それ日本と逆!?　文化のちがい 習慣のちがい
         第2期　全5巻⑤）
        学研プラス　2017　48P　28.6cm
        ISBN 978-4-05-501225-6　C8639
```

それ日本と逆!?
文化のちがい 習慣のちがい 第2期⑤
ワイワイ 記念日とお祭り

2017年2月24日　第1刷発行
2024年8月22日　第7刷発行

発行人　土屋　徹
編集人　代田雪絵
発行所　株式会社Gakken
　　　　〒141-8416　東京都品川区西五反田2-11-8
データ作成　株式会社四国写研
印刷所　共同印刷株式会社

この本に関する各種お問い合わせ先
●本の内容については、下記サイトのお問い合わせフォームよりお願いします。
　https://www.corp-gakken.co.jp/contact/
●在庫については　TEL：03-6431-1197（販売部）
●不良品（落丁、乱丁）については
　TEL：0570-000577　学研業務センター
　〒354-0045　埼玉県入間郡三芳町上富279-1
●上記以外のお問い合わせは
　TEL：0570-056-710（学研グループ総合案内）

©Gakken
本書の無断転載、複製、複写（コピー）、翻訳を禁じます。
本書を代行業者等の第三者に依頼してスキャンやデジタル化することは、たとえ個人や家庭内の利用であっても、著作権法上、認められておりません。

学研グループの書籍・雑誌についての新刊情報・詳細情報は、下記をご覧ください。
学研出版サイト　https://hon.gakken.jp/

それ日本と逆!? 文化のちがい 習慣のちがい 第2期 全5巻

- 1巻 ニコニコ 学校生活
- 2巻 ペラペラ ことばとものの名前
- 3巻 ワクワク 音楽と物語
- 4巻 ドキドキ お出かけ・乗り物
- 5巻 ワイワイ 記念日とお祭り

国名・地域名別総索引

- 「それ日本と逆!? 文化のちがい 習慣のちがい 第2期」1～5巻に登場する国名(日本を除く。一部は地域名)の総索引です。
- 数字は、その国名が登場するページ数を表しています。
- 3ページ以上連続で登場する場合は、たとえば4、5、6、7を「4-7」などと表しています。
- 国名(地域名)は、一部を除いて通称を用いています。

アイルランド	3巻	14、28
	5巻	10、12
アメリカ	1巻	4-6、12-14、21-24、33、41-43
	2巻	5、6、13、14、18-20、22-25、29、30、31、34-37、42
	3巻	6、18、19、34-39
	4巻	7、13-18、22-25、27、31、34-38
	5巻	4、7、10-13、17、18
アルゼンチン	2巻	29
	4巻	39
	5巻	35
アルバニア	2巻	31
イギリス	1巻	8-10、19、36、39、42
	2巻	24、29、30、42
	3巻	8-10、12-14、26-29
	4巻	7、11-13、31、39
	5巻	10、12、13、29、

イスラエル	1巻	32-34、38、42
	2巻	31
	3巻	11
	5巻	12、28
イタリア	1巻	36、39、42
	2巻	17、31
	3巻	39、43
	4巻	7、8-10
	5巻	4-6、12
イラク	1巻	40
	3巻	13
イラン	1巻	38
	3巻	10、21、24、25
	5巻	12、26-28
インド	1巻	20、38
	2巻	14、29、31
	3巻	11、22-25、28、29、32
	4巻	13、26、34
	5巻	12、13、20、28、32、35、42、43

インドネシア	1巻	15、36
	2巻	4-6、31
	4巻	40
	5巻	11、12、25
ウクライナ	5巻	12
エクアドル	2巻	31
エジプト	1巻	40
	2巻	29、40
	3巻	24、25
	4巻	16
	5巻	12
エチオピア	1巻	20
オーストラリア	1巻	6、25、38、39
	2巻	29
	3巻	6
	4巻	7、20、32-34、40
	5巻	6
オーストリア	3巻	20
	4巻	21、13
オマーン	1巻	11
オランダ	2巻	5、13、17
	4巻	10、20